T0132330

POCKETS
ABC

O o
Owl

P p
Pocket

E e
Elephant

AuthorHouse™
1663 Liberty Drive
Bloomington, IN 47403
www.authorhouse.com
Phone: 1 (800) 839-8640

Published by AuthorHouse 05/06/2019

ISBN: 978-1-7283-1101-2 (sc)
ISBN: 978-1-7283-1102-9 (e)

authorHOUSE®

A a

Apple

B b

Ball

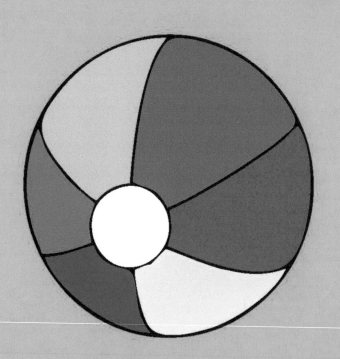

C c

Cat

Dd

Dog

E e

Elephant

F f

Fish

Giraffe

Hh

Horse

I i

Ice Cream

J j

Jug

Kk

Kite

L l

Lemon

Mm

Monkey

Nn

Nest

Oo

Owl

P p

Pocket

Qq

Question

Rr

Rocket

S s

Star

T t

Turtle

U u

Umbrella

Vv

Volcano

W w

Watch

Xx

X-ray

Y y

Yoyo

Zz

Zebra

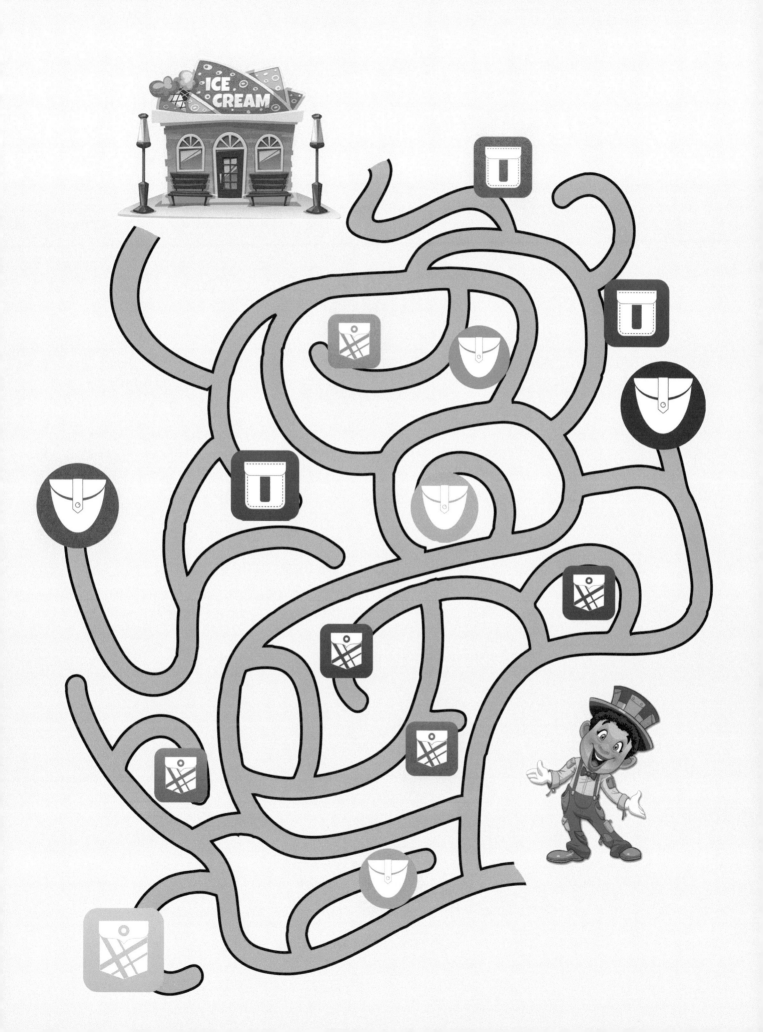

Printed in the United States
By Bookmasters